Lüsterne Nüstern

Tierische Sexwitze ab 18

Gesammelt von Norbert Golluch

D1727660

Eichborn.

2 3 4   02 01 00

© Eichborn AG
Frankfurt am Main, Februar 1999
Umschlaggestaltung: Oliver Schmitt
Gesamtproduktion: Fuldaer Verlagsagentur, Fulda
ISBN 3-8218-2328-3

Verlagsverzeichnis schickt gern:
Eichborn Verlag, Kaiserstraße 66, D-60329 Frankfurt am Main
www.eichborn.de

»Bist du auch schon mal
künstlich besamt worden?»
fragt die eine Sau die andere.
»Nee, bisher hatte ich immer
Schwein...«

Wie befriedigt
sich ein Eisbär?
Mit einem frisch
rasierten Pinguin.
Warum der Pinguin
frisch rasiert sein muß?
Damit er schön bibbert.

Ein Hasenvater erklärt seinem Jungen die Fortpflanzung:«Am besten machst Du mir alles nach!» Der Vater stellt sich hinter eine Häsin und legt los. Die nächste und die nächste und so weiter. Der junge Hase macht alles nach:

Rammel, rammel - hoppel, hoppel ...

rammel, rammel - hoppel, hoppel ...

rammel, rammel - hoppel, hoppel ...

rammel, rammel - hoppel, hoppel ...

rammel, rammel - hoppel, hoppel ...

Entschuldigung, Papa ...

rammel, rammel - hoppel, hoppel ...

»Oma, stimmt es, daß die Störche
die Babys bringen?«
»Aber ja.«
»So, und wer fickt
die Störche?«

Eine Kompanie der Fremdenlegion in der entlegensten Sahara bekommt einen neuen Kommandanten. Er inspiziert das gesamte Fort. Als er ein einzelnes Kamel an einer Mauer angebunden vorfindet, fragt er, was es mit dem Tier auf sich habe. Der Spieß antwortet: »Das benutzen die Soldaten, wenn sie wieder mal Lust auf eine Frau haben!« Dem Kommandanten erscheint das ziemlich pervers …

Nach sieben Monaten im Fort allerdings glaubt er die Mannschaften zu verstehen. Vom wilden Trieb gebeutelt, schnappt er sich eine Kiste, stellt sie hinter das Kamel und läßt die Hosen herunter … Als er fertig ist, ertönt ein irres Gelächter. Der Spieß und einige Soldaten haben ihn beobachtet. Wütend meint der Vorgesetzte: »Ist das denn nicht das Kamel, das die Soldaten verwenden, wenn sie geil sind?«

»Aber sicher«, antwortet der Spieß. »Um damit in die nächste Stadt zu reiten...«

**Was ist Tierquälerei?
Wenn man einer Schlange
Viagra gibt...**

Ein Maikäfer trifft seinen Freund - mit einem Verband um den Bauch ...
»Was ist dir denn passiert?«
»Ich war gestern auf einer Maikäferparty und hab' ganz schön getankt. Auf dem Heimflug seh' ich unter mir ein

schnuckeliges Glühwürmchen. Das ver-
naschst du jetzt, denk ich, und ich im
Sturzflug runter und drauf!«
»Und?« – »War 'ne Zigarette!«

Meier beobachtet, wie der Bauer den Zuchtstier zum Decken bringt. Der will nicht so recht - da packt der Bauer der Kuh zwischen die Hinterbeine, zieht seine Hand einmal durch und fährt dem Stier damit über die Nase. MMUUH, brüllt der Stier und stürzt sich auf die Kuh. »Oh«, sagt Meier, »der ist ja auf einmal ganz schön spitz geworden!

Geht das auch bei Menschen? Meine Frau beschwert sich, daß ich immer so lustlos bin.«

»Aber sicher«, sagt der Bauer, »machen Sie's genauso, dann werden sie so wild wie dieser Stier!«

Meier fährt sofort nach Hause, reißt seiner Frau den Slip vom Leib und verfährt nach der bewährten Bauernregel. Und es funktioniert! »Erna!« ruft er erregt. »Ich bin spitz auf dich wie eine wilde Rothaut!«

»Das sehe ich«, meint sie säuerlich. »Genauso siehst du auch aus!«

Privataudienz beim Papst. Die Sieben Zwerge - mit Namen Sleepy, Dopey, Happy, Sneezy, Grumpy, Doc und Bashful - sind gekommen, huldigen dem Heiligen Vater, und nach Ablauf der Audienz bittet Dopey um die Erlaubnis, noch eine Frage zu stellen: »Heiliger Vater, gibt es Zwergen-Nonnen im Vatikan?«

»Nein«, antwortet der Papst. »Mit Sicherheit nicht.«

»Heiliger Vater, gibt es irgendwo in Italien Zwergen-Nonnen?« fragt Dopey weiter.

»Auch nicht«, antwortet der Papst.

»Heiliger Vater, gibt es sonst irgendwo auf der Welt Zwergen-Nonnen?«

»Nein!« entgegnet der Heilige Vater nun schon etwas ungehalten. »Was soll denn diese dumme Frage?«

Statt einer Antwort beginnt im Hintergrund der Zwergenchor zu singen: »Dopey bumst mit Pinguinen, Dopey bumst mit Pinguinen …«

Was passiert, wenn man Viagra im Garten verstreut? Dann kann man die Regenwürmer als Nägel verwenden.

Die Ameise und der Elefant heiraten. Als sie es in der Hochzeitsnacht zum ersten Mal miteinander treiben, erleidet der Elefant eine Herzattacke.

Meint die Ameise: »Scheiße! Fünf Minuten Spaß, und jetzt darf ich für den Rest meines Lebens sein Grab schaufeln!«

Kommt eine Frau zum Frauenarzt und legt sich auf den Stuhl. Der Arzt kommt aus dem Staunen nicht heraus. »Was ist das denn für eine Riesenvagina?« Die Frau antwortet et-

was verschämt: »Ich war auf einer Safari und wurde von einem Elefanten vergewaltigt!« Meint der Arzt, »Elefanten kenne ich, aber deren Ding ist doch auch nicht soo dick!« »Stimmt«, sagt die Patientin, »vorher hat er noch ein bißchen gefingert ...«

Zwei Zecken treffen sich. Die eine ist vollgefressen, die andere abgemagert und erkältet. Fragt die satte: »Hey, was ist denn mit dir passiert?«

Die zweite jammert: »Ich habe mich im Bart eines Motorradfahrers eingenistet.

Mitten im Fahrtwind! Ich mußte mich immer festhalten, konnte nichts fressen und jetzt bin ich auch noch erkältet.«

Darauf die erste: »Ich geb dir mal 'n Tip: In der Bar da drüben versteckst du dich unterm Hocker und wartest bis heute Abend. Dann krabbelst du hoch, der Bardame ins Höschen, und da kannst du dich mal so richtig sattessen.«

Nach einer Woche treffen sich die beiden wieder: Die eine vollgefressen wie zuvor, die andere sogar noch magerer und mit einer Lungenentzündung.

»Na?« fragt die fette Zecke. »Warum hast du meinen Rat nicht befolgt?«

»Hab ich doch!« antwortet die zweite, halbverhungerte. »Ich hab mich bei der Tussie unterm Rock eingenistet, mich nach Strich und Faden vollgefressen und bin eingeschlafen.«

»Ist doch super!« sagt die erste. »Und warum siehst du dann immer noch so beschissen aus?«

»Rat mal, wo ich war, als ich wieder aufwachte« winkt die dünne Zecke ab. »Wieder im Bart von dem Motorrad- fahrer!«

Was ist rot und
fliegt durch die Luft?
Die Binde Maya …

Eine Freundin zur anderen:
»Du, dein Freund hat mir vorhin im
Park ein Rotschwänzchen gezeigt.«
»Nanu? Ich dachte, mein Lippenstift
sei kußecht … ?«

Ein Igel geht im Wald spazieren und fällt in ein Loch. Ein Kaninchen kommt vorbei. Der Igel ruft: »Kannst du mich hier rausholen?« Meint das Kaninchen:

»Klar, ich laufe nur schnell nach Hause, hole ein Seil und meinen Porsche!« Die Rettung gelingt. Am nächsten Tag läuft der Igel wieder durch den Wald und fällt wieder in ein Loch. Diesmal kommt aber nicht das Kaninchen, sondern der Fuchs vorbei. Der Igel ruft hinauf: »Hey, Fuchs! Kannst du mich rausholen?« Der Fuchs hilft gern: »Klar, Igel, altes Nadelkissen!« ruft er, hängt seinen Schwanz in das Loch, und der Igel klettert raus. - Was will uns diese Geschichte sagen? Wer einen langen Schwanz hat, braucht keinen Porsche...

Wie funktioniert
der Öko-Vibrator?
Hummel im Bambusrohr …

Kommt ein Huhn

in den Elektroladen:

»Ich hätte gern

'ne Legebatterie!«

Treffen sich zwei Hunde beim Tierarzt. Meint der erste : »Sag' mal, warum bist du denn hier?« - »Ich habe die Tochter unseres Nachbarn gebissen«, antwortet der zweite, »Jetzt soll ich eingeschläfert werden. Und du?« - »Ich habe im Badezimmer gelegen«, erzählt der erste Hund. »Als mein Frauchen heimkam. Als sie sich über die Badewanne gebückt hat, hab' ich sie von hinten genommen.« - »Und? Jetzt wirst du sicher auch eingeschläfert.« - »Nein, ich bin nur zum Nägelschneiden hier …«

Hoch im Norden in einer sehr einsamen Gegend. Kommen drei Freunde, alle in vollster Manneskraft, an einer Weide vorbei, wo sich ein Schaf im Zaun verfangen hat. Nachdenk-

lich betrachten sie das Schaf.

»Ach, ich wollte, es wäre kein Schaf, sondern Iris Berben!« stöhnt der erste. »Und ich wünschte mir, es wäre Verona!« meint der zweite.

»Ihr seid aber anspruchsvoll!« meint der dritte: »Mir würde es schon reichen, wenn es Abend wäre ...«

Ein Beagle läuft durch die Straßen der Stadt, schlackert mit den langen Ohren und singt ein Lied: »Es ist so schön, ein Schwein zu sein, es ist so schön ...« Nach einiger Zeit trifft er auf ein Ka-

ninchen. »Hey, Beagle, du Blödmann!«
schimpft das Kaninchen. » Du bist doch
gar kein Schwein. Du bist ein Hund!«
Da springt der Beagle auf das Kaninchen und (censored) … »Du Schwein!«
schimpft das Kaninchen, als er fertig
ist. Schlendert der Beagle weiter und
singt: »Es ist so schön … «

*Ein Hase kommt am Fuchsbau vorbei.
Davor sitzen zwei junge Füchse. Der
Hase kann es nicht lassen und gibt an:
»Eure Mutter fick' ich auch noch!«
Dann hoppelt er davon.*

Am nächsten Tag das gleiche Spiel:
»Eure Mutter fick' ich auch noch!«
Als er am dritten Tag wieder vorbei
kommt und seinen Spruch abläßt,
schießt die Fuchsmutter aus dem Bau
heraus. Der Hase zischt ab in seinen
Bau. Die Füchsin will ihm folgen, bleibt
aber im Eingang stecken …
Nach einer Weile kommt der Hase aus
einem anderen Eingang wieder heraus,
schaut nach, ob die Luft rein ist, sieht
das Hinterteil der Füchsin und sagt zu
sich: »Lust hab ich ja keine, aber ich
hab's den Kindern versprochen …«

**»993, 994, 995, 996, 997,
998, 999, 1000, 1001 -
hurra, Liebling«,
jubelt der Tausendfüßler.
»Es ist ein Junge!«**

Ein Vater gibt seinen drei Söhnen Geld,
damit sie ihm in der Stadt einen Bullen
kaufen. Die drei fahren los, kriegen den
Bullen recht günstig, brauchen nur die
Hälfte des Geldes, und beschließen, für
den Rest in den Puff gehen.

»Wir wollen mal so richtig die Sau raus-
lassen!« erklären sie der Puffmutter,

»Sie kriegen unser ganzes Geld, aber nur, wenn wir den Bullen mit aufs Zimmer nehmen dürfen! Sonst wird der noch geklaut!« So geschieht's, denn für Geld gibt es alles. Eine traumhaft füllige Schönheit der Nacht geht mit aufs Zimmer, und der Bulle auch…

Als die Jungs abgezogen sind, fragt die Puffmutter die Liebesdienerin, wie die Jungs denn so waren. »Der erste war schlecht, der zweite so na ja, der dritte hat sich Mühe gegeben, aber der Typ mit dem Wikingerhelm hat mich echt geschafft!«

Welches Tier hat nur eine Schamlippe? Ein halbes Hühnchen...

Was ist die Gemeinsamkeit
von Fuchs und Hebamme?
Beide sitzen vor'm Loch
und warten …

Die Prinzessin zum Frosch:
»Muß ich dich jetzt küssen,
damit du ein Prinz wirst?«
Der Frosch: »Nein, das ist mein
Bruder. Mir mußt du einen blasen...«

Welche Vögel haben den Schwanz vorn? Die Kastelruther Spatzen...

Mädchen mit Pferdeschwanz sucht ebensolchen Jungen ...

Ein Affe und ein Elefant treffen sich im Urwald. Der Affe fragt: »He, Elefant, kannst du mir mal einen Gefallen tun? Ich bin richtig scharf auf dich. Laß mich dich bitte besteigen.«

Der Elefant überlegt kurz: »Na gut, weil du so nett ›Bitte‹ gesagt hast.«

Der Affe besteigt also den Elefanten. Ächz, stöhn … nach fünf Minuten fragt er: »He, Elefant, könntest du mal mit dem Hintern wackeln, das gäbe mir den richtigen Kick.«

Der Elefant denkt sich: »Was soll's« und wackelt mit dem Arsch. Kurz darauf bekommt der Affe einen Orgasmus und steigt vom Elefanten. Doch nun ist der scharf geworden: »He, Affe, die Aktion eben hat mich so richtig geil gemacht. Könnte ich nicht bei dir auch mal?« Der Affe kann natürlich nicht nein sagen, also geht die Stöhnerei von neuem los. Nach einer Weile meint der Elefant: »He, Affe, könntest du nicht auch mal mit dem Arsch wackeln?«

»Ich würde dir ja gern den Gefallen tun«, entgegnet der Affe, »aber ich kann gerade noch so den Kopf bewegen …«

Auf einer Weide steht die Kuh Erika. Auf der Nachbarweide, durch einen Zaun getrennt, grast der Bulle Hannibal. Ruft die Kuh: »Komm Hannibal, mach mich glücklich!« Der Bulle schnaubt erregt, nimmt Anlauf, springt über den Draht und

- bleibt auf der anderen Seite einfach stehen … »Was ist?« fragt die Kuh ungeduldig nach. »Willst du mich nicht, Hannibal?«

»Sag Hanni zu mir!« erwidert der Bulle traurig. »Meine Bälle hängen am Draht!«

Ein Frosch hüpft vergnügt durchs hohe Gras und ruft immer wieder: »Ich bin ein Schwan, ich bin ein Schwan.«
Da trifft er einen Storch: »He, Frosch, hast du nicht mehr alle im Schilf? Du bist doch kein Schwan!«

Da zieht der Frosch seine Hose runter
und meint: »Schau doch mal!«
Meint der Storch überrascht: »Mein lie-
ber Schwan!«

**In der Entbindungsstation: Das Kind
ist schwarz, hat semmelblonde Haa-
re und chinesische Schlitzaugen!
Sagt die Hebamme tadelnd zur Mutter: »Sehen Sie! Das sind die schlim-
men Folgen von Gruppensex!«
»Das nennen Sie schlimm?« grinst
die junge Mutter. »Ich bin froh, daß
der nicht auch noch bellt!«**

Was ist der Unterschied
zwischen einer Wolljacke,
einem Hasen
und einem 18jährigen Mädchen?
Die Wolljacke wird gestrickt,
der Hase wird gespickt,
und das 18jährige Mädchen
wird 19.

Rotkäppchen mitten im Wald. Plötzlich kommt der Wolf aus dem Gebüsch gesprungen. »Ich fresse dich!« droht er. »Nein, lieber Wolf, bitte nicht!« jammert Rotkäppchen.

»Also, gut«, sagt der Wolf. »Weil du es bist, hast du vor dem Essen noch drei Wünsche frei.« - »Na gut«, meint Rotkäppchen. »Ich hatte in meinem Leben nicht sehr viel Sex. Würdest du mich bitte …« Der Wolf steht zu seinem Wort. »So, und was ist dein zweiter Wunsch?« fragt er nachher. »Nochmal!« sagt Rotkäppchen. »Wenn es denn sein muß!« sagt der Wolf etwas außer Atem, aber er tut was er kann … Hinterher keucht er: »So, jetzt noch schnell dein letzter Wunsch, ich kriege Hunger!«

»Ahem«, grinst Rotkäppchen. »Du warst unheimlich toll, ich hätte gern dasselbe noch einmal …«

»Oh nein!» jammert der Wolf erschöpft. »Nicht nochmal, das schaff' ich nicht!«

»Versprochen ist versprochen!« insistiert Rotkäppchen. »Oder bist du ein Schlappschwanz?« Der Wolf muß noch mal ran, hechelt schwer und - bricht tot zusammen. Als Rotkäppchen sich anzieht, kommt der Jäger vorbei und droht schmunzelnd mit dem Finger: »Rotkäppchen, Rotkäppchen! Das ist nun schon der dritte Wolf in dieser Woche!«

Eine Expedition im Urwald findet Seltsames vor: Auf einer Lichtung befriedigen sich Buschmänner an Nashörnern. Eine Lichtung weiter bietet sich dasselbe Bild: Buschmänner und Nashörner. »Na ja«, denken sich die Forscher, die seit Wochen von jedem sexuellen Nachschub abgeschnitten sind. »Das müssen wir auch mal probieren!« Sie haben Glück: Auf der nächsten Lichtung nur Nashörner - keine Buschmänner. Also nichts wie ran …

Auf einmal lacht der ganze Urwald ringsum. Überall gucken Buschmänner aus dem Dickicht hervor und kringeln sich vor Lachen.

»Ha, ha!« reagiert der Expeditionsleiter pikiert und in fließendem Kishuaheli. »Was habt ihr denn eigentlich zu lachen? Ihr macht euch doch selbst an die Nashörner ran!« Entgegnet der Oberbuschmann: »Klar - aber doch nicht an die häßlichen!«

Kommt ein Cowboy mit seinem Pferd in einen Saloon und wendet sich an die Runde am Tresen: »Männer, mein Pferd ist in letzter Zeit so traurig. 50 Dollar für den, der es zum Lachen bringt!«

»Kein Problem« meint der Barkeeper, geht zum Gaul und flüstert ihm etwas ins Ohr. Das Pferd wiehert los und kann sich vor Lachen nicht halten. Der Cowboy ist zufrieden, bezahlt und reitet auf seinem lachenden Pferd davon.

Eine Woche später. Derselbe Cowboy kommt wieder in den Saloon. Der Gaul sieht den Barkeeper nur und fängt sofort zu lachen an. Wieder wendet sich der Cowboy an die Männer am Tresen: »So geht das jetzt schon die ganze Woche. Alle paar Minuten wiehert der

Gaul los. Wer ihn von seinen Lachan-
fällen kuriert, kriegt 50 Dollar.«

»Kein Problem« erwidert der Barkeeper, nimmt den Gaul am Zügel und geht
mit ihm raus. Als die beiden fünf Minuten später zurückkehren, ist das Pferd
wieder abgrundtief traurig.

Der Cowboy bezahlt, will aber auch
wissen, was der Barkeeper mit dem
Pferd angestellt hat. Der erklärt: »Beim
ersten Mal hab ich ihm ins Ohr geflü-
stert, daß ich einen längeren Schwanz
habe als er. Und beim zweiten Mal haben wir draußen nachgemessen.«

Wieso haben Hähne
keine Hände?
Weil Hühner
keine Titten haben ...

Der Bauer hat für seinen Hühnerhof
einen neuen Hahn gekauft. Der alte
Gockel ist stinksauer:«Bleib bloß weg
von meinen Hennen! Die gehören mir!«
»Mach Platz, Alter!« kontert der junge
Hahn: »Ich bums' sie alle!«
»Dann lösen wir die Sache sportlich!»
schlägt der alte Hahn vor. »Oder hast
du Schiß vor einem Wettkampf?«

»Ich? Schiß?« protzt der neue. »Gegen dich in jeder Disziplin!«

»Dann laß uns einen Wettlauf zum Misthaufen machen!« schlägt der alte Hahn vor. »Der Sieger kriegt alle Hennen.«

Die Hähne rennen los. Der ältere liegt vorne, aber auf der Hälfte der Strecke holt der junge mächtig auf. Gerade hat er den alten Hahn erreicht, da knallt es, und der junge Hahn fällt tot um.

Der Bauer senkt sein Gewehr und meint verärgert: »Dammich! Schon der dritte schwule Hahn in dieser Woche!«

Was macht ein schwuler Frosch im Rumtopf? Er schmeißt die Pflaumen raus…

Treffen sich zwei Ameisen auf dem Bauch einer Frau. »Wo willst du denn hin?« fragt die erste. »Richtung Süden!« antwortet die zweite. »Und du?« »Weiter Richtung Norden!« entgegnet die erste. »Man sieht sich!«

Richtig. Nach ein paar Tagen treffen sich die Ameisen wieder auf derselben Stelle am Bauchnabel. »Wie war's bei dir im Süden?« will die erste Ameise wissen. »Bei mir im Norden war es superklasse! Ein riesiges Gebirge, zwei steile Gipfel! Ich habe meinen Liegestuhl aufgestellt und mich richtig gut erholt!«

»Frag mich nicht«, stöhnt die zweite Ameise. »Es war grauenvoll. Ich mußte durch einen feuchtheißen Dschungel! Abends habe ich zum Glück eine Höhle gefunden. Ich hatte gerade eben meinen meinen Schlafsack ausgerollt, da kommt plötzlich so ein Glatzkopf rein und kotzt mir die ganze Bude voll!«

**Geht ein Elefant
über den FKK-Strand
und trifft einen Mann.
Fragt der Elefant entgeistert:
»Echt? Und damit willst du
essen?«**

Zwei Bauern in der Dorfkneipe. »Hör mal, als dein Eber nicht mehr auf die Sau wollte - welches Mittel hatte der Tierarzt verschrieben? Das hat doch so toll gewirkt!« - »Den Namen hab' ich vergessen. Ich weiß nur noch, daß es nach Pfefferminz schmeckte …«

Walnüsse steigern
die Potenz.
Jedenfalls die der Wale ...

Wer ist der geilste Frosch?
Der Erdalfrosch - der schaut zu,
wie die anderen wichsen ...

Der Waschbär steht unter dem Wasserfall und holt sich einen runter. Kommt die Waschbärin und fragt ihn erbost, was das denn soll. Meint der Waschbär: »Kann dir doch egal sein, wie schnell ich mich wasche...«

Sitzt der Hahn
auf einer Krähe,
war kein Huhn
in seiner Nähe.

Fragt der alte Knastbruder den Neuankömmling: »Weshalb sitzt du?«

»Ich habe meinen besten Freund mit meiner Frau im Bett erwischt« erklärt der Neue. »Und die Alte erschossen.«

»Ja, und dein bester Freund?«

»Zu dem habe ich gesagt: ›Waldmann, du bist ein böser Hund, ein ganz böser Hund‹!«

Der Jungbauer geht mit seiner neuen Freundin über die Weide, um ihr seinen Besitz zu zeigen. Da sehen sie einen Stier bei der Arbeit: Er deckt eine Kuh nach der anderen. Meint der Jungbauer: »Dazu hätte ich jetzt auch Lust.« Meint sie großzügig: »Mach doch! Sind ja deine Kühe!«

Sagt der Gast im Restaurant: »Nehmen Sie die Kalbszunge wieder mit, Herr Ober und bringen Sie mir ein Ei. Ich esse doch nichts, was ein Tier im Maul gehabt hat!«

Gerade soll es losgehen, da will Mutti ein Kondom. Seufzend klettert Vati aus dem Bett und holt eines aus der Schublade. Als er sich das Ding gerade überstreift, stürmt der sechsjährige Sohn ins Zimmer. Mutti taucht unter die Bettdecke ab und stellt sich schlafend.

»Papa, was machst du denn da?« fragt der Sohnemann. Vati läßt sich geistesgegenwärtig auf alle viere fallen. »Ich suche eine Maus!« erklärt er.

»Geil!« freut sich der Sohn. » Und wenn du sie gefangen hast, dann bumst du sie!«

»In Ordnung«, sagt der Kaufinteressent. »Ich möchte den Bauernhof kaufen. Aber diese Bienenstöcke da am Zaun, sind die nicht sehr gefährlich?«

»Nein, nein«, sagt der Bauer, »die sind völlig harmlos. Am besten machen wir einen Test: Wenn ich Sie hier nackt anbinde und mit Honig beschmiere, und auch nur eine einzige Biene tut Ihnen etwas, bekommen Sie den Hof zum halben Preis!«

Gesagt, getan. Bald steht der Kaufinteressent nackt am Zaun, über und über mit Honig bedeckt …

Am Abend kommt der Bauer wieder. Der Käufer hängt in den Seilen, verdreht die Augen und ist völlig fertig. »Um Himmels Willen«, ruft der Bauer. »Haben Ihnen die Bienen zugesetzt?«

»Nein«, lallt der nackte Mann. »Aber das Kälbchen auf der Weide - hat es denn keine Mutter mehr?«

Zwei Ziegen unterhalten sich:
»Kommst du heute abend
mit auf die Fete?«
»Nee, ich hab' kein Bock!«

Im Land der Wiesen und Wälder. Vier Bullen im Alter von 20, 30, 40 und 50 Jahren grasen auf der Weide. Da kommt eine Herde von 20 Kühen vorbei.

Sagt der 20jährige Bulle: »10 Kühe für mich, die andern 10 für euch.«

»Nein,« sagt der 30jährige, »Wir sind zu viert. Das macht für jeden 5 Kühe.«

Der 40jährige winkt ab: »Wenn die was von uns wollen, sollen sie doch selber kommen.«

Darauf der 50jährige: »Seid mal alle ganz still! Vielleicht haben die uns ja gar nicht bemerkt …«

Im Zoo ist der Gorilla ausgebrochen. Er sitzt im Stadtpark auf einem Baum, sein Wärter wartet unten. Endlich kommt der erfahrene Gorillajäger mit seiner Ausrüstung: ein Baseballschläger, ein Strick, ein Gewehr und ein scharfer Rottweiler.

»Wärter«, bittet der Jäger. »Können Sie mir mal helfen? Ich klettere jetzt auf den Baum und gebe dem Gorilla mit dem Baseballschläger eins auf den Kopf. Dann fällt der vom Baum, der Rottweiler springt ihn an, packt ihn an den Eiern, und Sie können den Gorilla in Ruhe mit dem Strick fesseln.«

»Und wofür ist das Gewehr?« fragt der Wärter nach.

»Für den Notfall!« erklärt der Experte. »Wenn der Gorilla mich zuerst vom Baum schmeißt, erschießen Sie sofort den Rottweiler!«

Hoppelt ein Häschen durch den Wald. und begegnet einem sehr zottigen Hund. »Was bist du denn für ein Tier?« will das Häschen wissen.

»Ich bin ein Wolfshund. Meine Mutter war ein Wölfin, mein Vater ein Hund.«

Das Häschen hoppelt weiter und begegnet einem Muli. »Was bist du denn für
ein Tier?«

»Ich bin ein Maultier. Meine Mutter
war eine Eselin, mein Vater ein Pferd.«
Das Häschen wundert sich. Was es alles gibt - und hoppelt weiter.
Begegnet es einem ganz und gar unbe-
kannten Tier. »Was bist du denn für ein
Tier?«

»Ich bin ein Ameisenbär.«

»Ne, ne, ne!« sagt das Häschen verärgert. »Das kannst du jemand anderem
erzählen!«

Was kommt dabei heraus,
wenn sich ein Stinktier
mit einem Adler paart?
Keine Ahnung,
auf jeden Fall
stinkt es zum Himmel …

Ehekrach zu Ostern: Henne Berta entdeckt ein paar bemalte Eier, findet sie hübsch, setzt sich nur so zum Spaß darauf und brütet fröhlich vor sich hin. Als der Hahn nach Hause kommt und die Eier sieht, rast er quer über den Hof und verkloppt den Pfau …

**Zwei Schlangen
kommen an einem Teller
Spaghetti vorbei.
Entrüstet sich die eine:
»So klein und
schon Gruppensex!«**

Zwei Mäuschen paaren sich.
Sagt der Mäuserich:
»Hoffentlich ist nicht alles
für die Katz!«

Ein Bauer kauft einen Hahn, wird aber

vorgewarnt: »Vorsicht, der ist unheimlich geil.« - »Macht nichts«, meint der Bauer, »genau das richtige für meine Hennen!« Er steckt den Hahn auch gleich zu den Hennen und guckt am nächsten Morgen wieder in den Stall. Die Hennen sind total fertig, der Hahn ist topfit. »Junge, Junge, war das eine Nacht«, meint der Hahn.

»So geht das nicht!« schimpft der Bauer. »Du machst mir ja die ganzen Hennen kaputt!« Also steckt er den Hahn in den Schweinestall.

Am nächsten Morgen genau dasselbe Bild. Die Schweine sind total fertig, und der Hahn frisch wie der junge Morgen.

»Wahnsinn!«, freut sich der Hahn und kräht. »Ich will mehr!«

»Von wegen«, schimpft der Bauer. »Du ruinierst mir den ganzen Hof!« Und er packt sich den Hahn, zerrt ihn auf seinen Traktor und setzt ihn weit in der Wüste aus.

Auf dem Rückweg kommen dem Bauern Zweifel. Mit so einem Hahn hätte er doch jeden Zuchtwettbewerb gewinnen können! Er dreht um und tuckert zurück in die Wüste. Da liegt der Hahn schon leblos im Sand, alle Viere von sich gestreckt, und über ihm kreisen die Geier …

»Verdammt, zu spät!« schimpft der Bauer. Da zwinkert der Hahn mit einem Auge und flüstert: »Pssst, die da oben vernasch ich auch noch!«

Drei Gorillas erzählen sich ihre erotischen Erlebnisse. Der erste berichtet: »Ich bin mit einem Zebramädchen zusammen. Dieser geile Schlafanzug, wenn die den auszieht … Toll, sag ich euch.« Der zweite ist nicht weniger begeistert: »Ich habe eine Nilpferddame.

Die kann vielleicht küssen! Diese Zun-
ge …« Der dritte spricht mit schwa-
cher Stimme und sieht auch sonst recht
abgekämpft aus. Er erzählt: »Ich bin
mit einem Giraffenmädchen zusammen.
Das geht: ›Küss mich! Lieb mich! Küss
mich! Lieb mich! Küss mich! Lieb
mich!‹ Und das die ganze Nacht!«

**Ein Kaninchenpaar wird von Füch-
sen verfolgt und kann sich gerade
noch in ein Erdloch retten. Draußen
warten die Füchse. Jammert das
Kaninchenweibchen: »Was sollen**

wir jetzt tun?« Das Männchen bleibt gelassen: »Wir gehen gleich an die Arbeit und warten einfach, bis wir ihnen zahlenmäßig überlegen sind!«

Drei Murmeltiere unterhalten sich vor dem Winterschlaf. Sagt das erste: »Also ich brauch' unbedingt ein Weibchen, sonst halte ich die lange Zeit nicht aus!«. Darauf das zweite: »Wozu Weibchen? Ich brauche eine Kiste Bier, sonst halte ich den Winterschlaf nicht durch!« Da meint das dritte: »Weiber und Alkohol? Ich brauch' Musik!«

Der Winterschlaf ist vorbei, der neue Frühling beginnt. Doch das erste Murmeltier kommt schimpfend aus seinem Bau heraus: »Wer hat meine Frau abgeschleppt?«

Kurze Zeit später kommt das zweite verschlafene Murmeltier ans Tageslicht: »Mein schönes Bier! Der ganze Kasten ist leer! Wer hat mein Bier ausgesoffen?«

Eine Weile geschieht nichts. Dann trockelt das dritte Murmeltier aus seiner Schlafhöhle: »Hicks, bumms, cha cha cha! Hicks, bumms, cha cha cha!«

Kommt ein Sechzehnjähriger zu einer Freudendame und will so richtig loslegen. »Bist du denn dazu nicht noch ein bißchen zu jung? Üb' erst mal im Wald an den Astlöchern und komm in einem Jahr wieder.«

Ein Jahr später - der Junge ist wieder da, und diesmal darf er. Sie legt sich einladend vor ihn hin. Da holt der Knabe einen Stock heraus und will damit…

»Was machst du denn da?« fragt sie erschrocken.

»Na, was schon?« antwortet er. »Die Eichhörnchen vertreiben!«

Der kleine Robert bringt ein Eichhörnchen mit in die Schule. Das Tierchen
rast panisch durch den Klassenraum
und verschwindet schließlich unter dem
Rock der Lehrerin. Die schreit »Hol
sofort das Eichhörnchen da weg!«
Robert antwortet lässig: »Keine Angst,
Frau Lehrerin. Wenn es merkt, daß es
da keine Nüsse gibt, kommt es schon
von alleine wieder raus!«

*Geht ein Mann ins Freudenhaus und
will mal so richtig. Aber Geld hat er
nicht viel - er legt 10 Mark auf den*

Tisch. Die Puffmutter meint: »Zehn Mark? Erster Stock, zweite Türe links!«

Er macht die Tür auf - da steht ein Hahn im Zimmer. »Verdammt, jetzt habe ich schon 10 Mark bezahlt, da will ich auch mein Vergnügen haben!«

Am nächsten Tag kommt er wieder, und hat nur fünf Mark. Die Puffmutter meint: »Fünf Mark? Erster Stock, zweite Türe rechts!«

In dem Zimmer ist echt was los. Da stehen lauter Männer an der Wand und schauen durch Gucklöcher! »Darf ich auch mal?« Der Typ drängelt sich nach vorn zu einem Guckloch. Er traut seinen Augen nicht: Da treibt es einer mit einem Schwein! Der Typ muß furchtbar lachen und fragt: »Hey. Leute, ist es bei euch immer so lustig?«

Antwortet einer: »Aber sicher! Gestern hättest Du da sein müssen! Da hat es einer mit 'nem Hahn gemacht!«